L'AMOUR ET PSYCHÉ,

DIVERTISSEMENT
EN UN ACTE;

Repréſenté devant LE ROI à Fontainebleau le Jeudi 21 Octobre 1762.

DE L'IMPRIMERIE
DE CHRISTOPHE BALLARD, ſeul Imprimeur du Roi pour la Muſique, & Noteur de la Chapelle de Sa Majeſté, rue des Noyers.

Par exprès Commandement de SA MAJESTÉ.

Les Paroles font du Sieur ***.

La Musique du Sieur MONDONVILLE.

Les Ballets de la Composition des Sieurs LAVAL, Pere & Fils, Maîtres des Ballets du Roi.

ACTEURS.

PSYCHÉ, La Demoiselle Arnoult.
TISIPHONNE, Le Sieur Gelin.
L'AMOUR, La Demoiselle Lemiere.
VENUS, La Demoiselle Dubois *l'Aînée.*

Acteurs chantans dans les Chœurs.

LES DEMOISELLES,

Baurans.　　　　　　Bertin.
Cannavas.　　　　　 Aubert.
Scelle.　　　　　　　Dubois *Cadette.*
Gaudoneche.　　　　 Bouillon.
Chevremont.　　　　 Favier.

LES SIEURS,

Joguet.　　　　　　 Doublet.
Cochois.　　　　　　Lebegue.
Guerin.　　　　　　 Bazire.
Leveque.　　　　　　Camus *l'Aîné.*
Bosquillon.　　　　　Daigremont.
Abraham.　　　　　　Charle.
Caze.　　　　　　　 Joly.
Cachelievre.　　　　 Fieul.

PERSONNAGES DANSANTS.
PREMIER DIVERTISSEMENT.

L'INCONSTANCE,   La Demoiselle Allard.

Suite de l'Inconstance.

Les Demoiselles Dumonceau, Guimard, Dumirey, Ray, Peslin, Lafont.

SECOND DIVERTISSEMENT.
DEMONS.

Le Sieur Laval.
Les Sieurs Gardel, Campioni.
Les Sieurs Hyacinthe, Lelievre, Trupti, Grosset.

TROISIEME DIVERTISSEMENT.

Suite de Vénus.

Le Sieur Vestris, la Demoiselle Vestris.
La Demoiselle Allard.
Les Sieurs Laval, Gardel.
Les Demoiselles Dumonceau, Guimard.
Les Sieurs Beate, Dubois, Lelievre, Grosset, Dauberval, Bianchi.
Les Demoiselles Dumiray, Peslin, Lafont, Rey, Saron, Clairval.

L'AMOUR ET PSYCHÉ,
DIVERTISSEMENT.

Le Théâtre représente, d'un côté l'exterieur du Palais de l'Inconstance, de l'autre des Rochers. On voit la Mer dans le fond.

SCENE PREMIERE.
PSYCHÉ, TISIPHONE.

PSYCHÉ.

O Vénus, n'as-tu pas épuisé ta vengeance?
   Après tous mes malheurs divers,
Après avoir causé ma fatale imprudence,
Faut-il que ta rigueur apprenne à l'Univers
   Les maux qu'endure l'innocence?

TISIPHONE.

Rien ne fléchit une Divinité,
Dès qu'on blesse sa vanité.
Douter de sa puissance,
Est une moindre offense
Que de surpasser sa beauté.

PSYCHE'.

Surpasser sa beauté ! non il n'est pas possible.
Mais je possede un plus grand bien,
C'est un cœur tendre, un cœur sensible :
Que le cœur de Vénus est different du mien !

TISIPHONE.

Ta fierté doit encore exciter sa colere.

PSYCHE'.

En vain vous voulés vous unir !
J'adore un Dieu charmant, j'ai le don de lui plaire.
Du moins il sait aimer, si Vénus sait haïr.

TISIPHONE.

Tu verras ta flâme trahie.
Tu crois l'Amour constant dans son ardeur ;
Je suis trop ton ennemie
Pour te laisser ton erreur.

Je veux faire couler tes larmes,
Et ton orgueil n'aura triomphé qu'un moment.
Viens admirer les charmes
Qui t'enleveront ton amant.

PSYCHE' à part.

L'Amour me trahiroit ? ô mortelles allarmes !

TISIPHONE.

O vous, qui charmés tous les yeux,
Venés jeunes Beautés, paroissés en ces lieux.

SCENE II.

PSYCHÉ, TISIPHONE, L'INCONSTANCE,
Personnage dansant, suite de l'Inconstance.

On danse.

TISIPHONE.

De tes attraits l'Amour va perdre la mémoire,
 Et s'enflâmer d'une nouvelle ardeur.

PSYCHE'.

Il m'aimera toujours, je me plais à le croire;
 Et ses sermens sont gravés dans mon cœur.

CHŒUR.

 Un si charmant vainqueur
Doit-il se contenter d'une seule victoire ?
 S'il est amant pour son bonheur,
 Qu'il soit volage pour sa gloire.

On danse.

PSYCHE'.

Rendre un cœur infidele, est-ce un plaisir si doux ?

CHŒUR.

Ah ! ç'en est un que rien n'égale.
Un amant n'a souvent de titres près de nous
Que les charmes d'une rivale.

PSYCHÉ.

Quel plaisir prenez-vous
A rendre un cœur jaloux.

CHŒUR.

Ah ! ç'en est un que rien n'égale.

PSYCHÉ.

L'hommage d'un amant trompeur
Ne doit point flater une belle.
L'unique bien, le vrai bonheur
Est celui d'être aimé d'un cœur tendre & fidele.

On danse.

(On entend un Prélude.)

TISIPHONE.

Mais l'Amour va paroître, il faut suivre mes pas.
Viens, vole en de nouveaux climats.

SCENE III.
L'AMOUR seul.

ON vous dérobe en vain à mon impatience,
Trop aimable Pſyché, ne verſez plus de pleurs,
Je vous ſuivrai partout : & ma perſévérance
    Laſſera la vengeance
De la Divinité qui cauſe vos malheurs.
Je reſſens comme vous mille peines mortelles ;
    Mais des épreuves ſi cruelles.
    Redoublent ma vivacité.
    Quand je vole après la beauté,
    Je m'applaudis d'avoir des aîles.

                          (Il ſort.)

SCENE IV.

PSICHÉ & TISIPHONE fur un Vaiffeau.

TISIPHONE.

Crains fans ceffe un affreux trépas
Sur cet Elément redoutable.
Non, je ne trouve pas
Que ton deftin foit affez déplorable.

PSYCHÉ.

Monftre cruel, fers les fureurs
De mon implacable ennemie ;
Malgré fa barbarie,
Si l'Amour eft conftant, je brave mes malheurs.

TISIPHONE.

Neptune, tu l'entends : c'eft Vénus qu'on offenfe ;
A ton Empire elle doit fa naiffance :
Puifqu'on ofe l'outrager,
Hâte-toi de la venger.

(L'obfcurité s'empare du Théâtre.
Il s'éleve une Tempête.)

ENSEMBLE.
>PSICHÉ.
Justes Dieux, prenez ma defense !

TISIPHONE.
N'espere rien de leur clémence.

PSICHÉ.
Comblerez-vous mes maux, loin de les soulager ?

TISIPHONE.
Ils combleront tes maux, loin de les soulager.

(Le Vaisseau se brise ; PSYCHÉ se sauve sur un Rocher, où TISIPHONE la suit.)

SCENE V.

L'AMOUR, PSYCHÉ & TISIPHONE
sur le Rocher.

L'AMOUR.

Vents furieux, rentrez dans le silence,
Cessés, reconnoissés ma voix.

PSYCHÉ, à l'Amour.

Tu n'es pas inconstant, puisque je te revois.

TISIPHONE, à l'Amour.

Je vais dans les Enfers achever ma vengeance;
Tremble! elle va souffrir pour la derniere fois.

(Psyché est précipitée dans la Mer.)

L'AMOUR, seul.

Ciel! on va la livrer à la Parque cruelle:
Amour infortuné, que vas-tu devenir?
Ne tardons plus, il faut la secourir;
Descendons sur ses pas dans la nuit éternelle.

(Il sort.)

SCENE VI.

(*Le Théâtre change, & représente l'Enfer.
L'obscurité y régne.*)

PSYCHÉ, TISIPHONE, TROUPE DE DÉMONS.

TISIPHONE ET LE CHŒUR.

Non, non, n'espere pas
Que ton tourment finisse.

PSYCHÉ.

Dans quels funestes lieux conduisez-vous mes pas ?
Cruels ! quels maux encor faut-il que je subisse ?

CHŒUR.

Non, non, n'espere pas
Que ton tourment finisse.

PSYCHÉ.

Du-moins par mon trépas,
Terminez mon supplice.

CHŒUR.

Non, non, n'espere pas
Obtenir le trépas.

PSYCHÉ.
Ah! suspendez vos fureurs inhumaines;
CHŒUR.
Non, non, &c.
PSYCHÉ.
Que mes malheurs puissent vous attendrir.
CHŒUR.
Tes plaintes sont vaines,
Rien ne sauroit nous fléchir;
Nous ne pouvons t'offrir
Que la flâme & les chaînes;
Nous soulageons nos peines
En te faisant souffrir.
PSYCHÉ.
Sort inhumain! Destin barbare!
CHŒUR.
Tes cris & tes clameurs
Ne touchent point nos cœurs;
Le Tartare
Te prépare
De nouveaux malheurs.
PSYCHÉ.
Dieux!

CHŒUR.

Tes plaintes sont vaines
Rien ne sçauroit nous fléchir;
Nous ne pouvons t'offrir
Que la flâme & les chaînes:
Nous soulageons nos peines
En te faisant souffrir.

(Une Troupe de Furies, avec des flambeaux, vient épouvanter PSYCHÉ.)

PSYCHÉ.

Amour! c'est toi seul que j'implore;
Viens, vole à mon secours en cet affreux moment.

TISIPHONE.

Cet objet que ton cœur adore,
Sera bientôt ton plus cruel tourment.
Ton ame, en le voyant, d'horreur sera saisie;
Connois toute ma cruauté:
Tu souffrirois trop peu, si je t'ôtois la vie,
Je fais bien plus, je détruis ta beauté.

(Elle la touche de ses Serpents.)

PSYCHÉ.

Aux yeux de mon Amant je n'aurai plus de charmes,
Ciel!

TISIPHONE.

Je te livre à tes allarmes.

L'Amour

L'Amour va dans ces lieux répandre la clarté,
Mais tremble! cet instant terrible
Doit n'éclairer que ta difformité.
Pleure, gémis, sois affreuse & sensible :
C'est le tourment le plus horrible
Que l'on ait encore inventé.

CHŒUR.

Pleure, gémis, sois affreuse & sensible :
C'est le tourment le plus horrible
Que l'on ait encore inventé.

(Tisiphone & les Chœurs sortent.)

PSYCHÉ, seule.

J'ai perdu mes attraits, & l'Amour va paroître ;
De mon destin rien n'égale l'horreur !
L'effroi que mon aspect dans son cœur fera naître
Éteindra pour moi son ardeur ;
Et, s'il me voit sans me connoître,
Je n'oserai jamais dissiper son erreur.

J'ai perdu mes attraits, & l'Amour va paroître ;
De mon destin rien n'égale l'horreur !

SCENE VII.
L'AMOUR, PSYCHÉ.

L'AMOUR.

Je viens enfin terminer vos allarmes,
  Sortez de ces funestes lieux.
  Venez revoir la lumiere des Cieux;
Le jour paroît plus doux en éclairant vos charmes.

PSYCHÉ.

L'obscurité de ce séjour affreux
  Convient à ma douleur mortelle;
Je ne dois mes attraits qu'à l'erreur de vos fœux,
Peut-être à vos regards serai-je un jour moins belle!

L'AMOUR.

  Votre éclat frappe tous les yeux.
Les Dieux en vous voyant, admirant leur ouvrage,
Voudroient vous élever à l'immortalité;
  Mais aucune Divinité
  Ne veut vous donner son suffrage.
  Pour l'honneur de votre beauté
  Ce refus vaut mieux qu'un hommage.

Venez, & rendez-vous à la clarté du jour.

PSYCHÉ.

A mon bonheur elle seroit contraire.

L'AMOUR.

Nuit, qui me cachez ce mistère,
Disparoissez, fuyez devant l'Amour.
(Le Théâtre s'éclaire.)

PSYCHÉ.

Que faites-vous ? Je vous perds sans retour.

L'AMOUR.

Ciel ! ce n'est point Psyché que l'on offre à ma vûe.
Du charme de sa voix je goûtois les douceurs ;
Par quelle puissance inconnue ?...

PSYCHÉ.

Malheureuse Psyché !...

L'AMOUR.

Qu'entends-je ?

PSYCHÉ.

Je me meurs.
(Elle tombe évanouie.)

L'AMOUR.

C'est elle, justes Dieux! puis-je la méconnoître?
Chere amante! vivez, & calmez vos douleurs.
Jugez du feu que vous avez fait naître,
Puisqu'à vos piés l'Amour verse des pleurs.

PSYCHÉ.

Quels doux accents suspendent mes allarmes?
Quoi! malgré ma difformité...

L'AMOUR.

Vénus, en détruisant vos charmes,
N'a pas détruit ma sensibilité.
Vos soupirs, vos plaintes, vos larmes
Vous donnent un pouvoir plus grand que la beauté.

(Le Théâtre change & représente le Palais de Vénus; on voit cette Déesse sur un Trône, environnée des Graces & de sa Suite.)

L'AMOUR ET PSYCHÉ.

Quel changement! quel Palais enchanté!

SCENE DERNIERE.

VÉNUS, L'AMOUR, PSYCHÉ,
Suite de VÉNUS.

VÉNUS.

Psyché, ne craignez plus ma vengeance cruelle,
Je viens par mes bienfaits réparer vos malheurs :
    Une tendresse si fidelle
    Doit triompher de tous les cœurs.
Reprenez vos attraits, soyez encor plus belle ;
Que mon fils vous éleve aux suprêmes grandeurs.
L'Hymen va vous unir d'une chaîne éternelle ;
    Pour en goûter à jamais les douceurs,
    Jupiter vous rend immortelle.

L'AMOUR ET PSYCHÉ.

    Généreuse Divinité !
De nos cœurs recevez l'hommage
Après avoir souffert l'orage,
Que le calme a de volupté !

VÉNUS.

Venez, Plaisirs, chantez leur ardeur mutuelle,
Par vos attraits embellissez ma Cour :
Retracez dans vos jeux une image fidelle,
De la victoire de l'Amour.

On danse.

(La suite de VÉNUS célébre le bonheur de l'AMOUR.)

PSYCHÉ, à l'Amour.

Mon bonheur est extrême !
Vous partagez mes feux ;
Vous m'aimez, je vous aime,
Mon sort est trop heureux.
De ma flâme fidele
Qui peut troubler le cours ?
Quand on est immortelle,
On doit aimer toujours.

On danse.

L'AMOUR à Psyché.

Pour vous l'aimable Aurore
    Fait éclore
Tous les présents dont Flore
    Se décore.

Plaisirs, célébrez mes transports ;
Chantez le feu qui me dévore :
Par la douceur de vos accords,
Enchantez l'objet que j'adore.

CHŒUR.

Pour vous l'aimable Aurore
Fait éclore
Tous les présents dont Flore
Se décore.
Plaisirs, célébrons ses transports,
Chantons le feu qui le dévore :
Par la douceur de nos accords,
Enchantons l'objet qu'il adore.

FIN.